Wunderbar gemacht

Ein Buch zum Denken, Danken und Träumen

Die wahre Lebenskunst besteht darin,
im Alltäglichen das Wunderbare zu sehen.
Pearl S. Buck

Inhalt

Einführung

Dies ist ein besonderes Buch. Sie sind der Autor, der die Seiten zwischen den Buchdeckeln mit Leben füllen soll. Dieses Buch will Ihnen helfen, sich selbst immer besser kennenzulernen, einmal innezuhalten, Ihr Gestern, Heute und Morgen in den Blick zu nehmen.

Vielleicht tauchen dabei ja einige Fragen auf: Wer sind Sie eigentlich, wenn niemand zusieht? Wofür schlägt Ihr Herz? Welche Beziehungen bereichern Ihr Leben? Was sind Ihre geheimsten Sehnsüchte? Was wollen Sie in Ihrem Leben noch erreichen? Haben Sie sich schon einmal gefragt, wofür Sie geboren wurden?

Interessieren Sie die Antworten darauf? Dann ist dieses Buch genau richtig für Sie! Entdecken Sie sich selbst. Je mehr sich die Seiten füllen, umso mehr werden Sie staunen über das, womit Gott Ihr Leben reich beschenkt hat: mit wunderbaren Gaben und Fähigkeiten. Mit einem einzigartigen Charakter. Mit lieben Menschen an Ihrer Seite, wertvollen Erfahrungen und einem Vater im Himmel, der mit Ihnen durch dick und dünn gehen will.

Wenn Sie das Buch durchblättern, werden Sie sehen, dass Ihnen keine weißen Seiten entgegengähnen. Nach Themenfeldern sortiert, sorgen die liebevoll gestalteten Seiten für reichlich Abwechslung. Sie bieten Platz zum Fragen beantworten, Ankreuzen, Ausfüllen, Nachdenken, Träumen und Pläneschmieden. Die eingestreuten Zitate wollen Sie dazu anregen, Gedanken zu vertiefen.

Und sollte in dem einen oder anderen Fall der Platz nicht ausreichen, dann schenken Ihnen die Leerseiten am Ende jedes Kapitels sowie am Schluss des Buches Freiraum zum Weiterschreiben.

Noch ein Hinweis: Sie müssen das Buch nicht von vorn nach hinten „durcharbeiten“, sondern Sie können mit dem anfangen, was Sie anspricht. Manche Fragen erfordern etwas Zeit zum Nachdenken. Haben Sie den Mut, später an diese Stelle zurückzukehren. Wenn einmal eine Frage nicht so ganz auf Ihre Lebenssituation passen sollte, überspringen Sie diese einfach oder formulieren Sie für sich um. Wer weiß, vielleicht wird dieses Buch ja zu Ihrem ganz persönlichen Begleiter – vielleicht auch über eine längere Wegstrecke Ihres Lebens? Die Fragen zum Jahresrückblick auf Seite 190 laden Sie ein, das Buch jeweils am Ende eines Jahres erneut in die Hand zu nehmen.

Das Leben ist wie ein Buch. Jeden Tag blättert Gott eine Seite um. In diesem Sinne wünsche ich Ihnen viel Freude beim Entdecken Ihrer Lebensseiten!

Verena Keil

Mein persönliches …

Das geht in mir vor, wenn ich über mein Leben nachdenke:

… Vorwort

Das wünsche ich mir von diesem Buch:

Alle Tage meines Lebens hast du
in dein Buch geschrieben –
noch bevor einer von ihnen begann!

Psalm 139,16 (Hfa)

Wie gerne würde ich mir als Fremder einmal zuhören, ohne mich zu erkennen und später erst erfahren, dass ich es war.
Elias Canetti

Wer bin ich?

Wer bin ich eigentlich? Was macht mich aus? Was mag ich und was nicht? Was erfüllt mich mit Glück und wobei schöpfe ich neue Kraft? Gott hat eine Menge in mich hineingelegt: Gaben und Fähigkeiten, einen besonderen Charakter, Leidenschaften, die Freude an Dingen, die mein Leben reicher machen. Ich habe bestimmte Vorlieben, Orte, an die ich mich gern zurückziehe, Lieblingsmusik oder Lieblingsbücher.
Und wenn ich mich selbst anschaue: eine Schokoladenseite, von der ich mich gern zeige, aber auch so meine speziellen Macken. Ich bin einzigartig. Wunderbar gemacht. Genau darum geht es in diesem Kapitel.

Mir selbst auf der Spur

Mein Vorname – welchen Ursprung hat er? Und was bedeutet er?
Hier ist Platz für meine Nachforschungen:

Diesen Ursprung hat mein Nachname:

Mir selbst auf der Spur

Das verbinde ich mit meinem Namen:

Diesen Namen hätte ich gerne:

Diese(n) Spitznamen habe ich:

Ich habe dich bei deinem
Namen gerufen; du bist mein!

Jesaja 43, 1 (LU)

Herzenssachen

Das mag ich:

Herzenssachen

Das sind meine Hobbys und Interessen:

Darüber denke ich gerne nach oder rede gerne darüber:

Herzenssachen

Mein Lieblingsland

Mein Lieblingsessen

Mein Lieblingsautor

Lieblingstier

Mein Lieblingsbuch

Meine Lieblingsmusik

Mein Lieblingsfilm

Lieblingsfarbe

Herzenssachen

Das sind meine Vorlieben:

Das sind meine ganz geheimen Leidenschaften:

Herzenssachen

Das sind meine liebsten Menschen:

Folgende fünf Herzensdinge würde ich unbedingt aus meiner brennenden Wohnung retten:

Kraft schöpfen

Das tut meinem Körper gut:

Das tut meiner Seele gut:

Kraft schöpfen

Hierbei schöpfe ich Kraft:

Was mein Leben reich macht:

Glück entsteht oft durch
Aufmerksamkeit in kleinen Dingen.

Wilhelm Busch

Einfach glücklich

Was macht mich glücklich?

... einen Tag lang

...eine Woche lang

...ein Leben lang

Orte meines Lebens

An diesen Orten habe ich schon längere Zeit gelebt

Hier habe ich schon Urlaub gemacht

Hier möchte ich unbedingt mal hin

Orte meines Lebens

Wenn ich an die Orte zurückdenke, an denen ich einmal gewohnt habe, kommen mir viele Erinnerungen:

Dort würde ich gern leben:

Bei Gott ist unser wahres Zuhause.

Verena Keil

Orte meines Lebens

Das macht den Ort, an dem ich jetzt wohne, zu einem schönen Ort:

Dieser Ort schenkt mir Geborgenheit; dort fühle ich mich zu Hause:

Das ist mein Lieblingsplatz zu Hause:

Meine Tätigkeiten

Diese Berufe und Tätigkeiten habe ich schon ausgeübt:

Diese Berufe würden auch zu mir passen – aus folgendem Grund:

Meine Tätigkeiten

Meine Lieblingsbeschäftigungen. Bei diesen Tätigkeiten merke ich, dass ich alles um mich herum vergesse:

So arbeite ich am liebsten:

Draußen drinnen mit Menschen mit Dingen

allein mit Tieren mit Kindern mit Bedürftigen

unter Zeitdruck im Team in vorgegebenen Strukturen

ohne feste Struktur kreativ mit den Händen

körperlich geistig am Schreibtisch in Bewegung

freischaffend als Angestellter ehrenamtlich

wechselnde Tätigkeiten im Ausland in Projekten

in stiller Umgebung in turbulenter Umgebung

Meine Lebenshüte

„Alles unter einen Hut bringen“ heißt es so schön. Aber das ist manchmal ganz schön herausfordernd. Wo es doch so viele „Hüte“ in meinem Leben gibt! Diese Rollen habe ich bisher ausgefüllt – privat, beruflich, ehrenamtlich:

Diese Rollen fülle ich derzeit aus:

Einzigartig

Mit folgenden Begriffen würde ich meinen Charakter beschreiben:

Und diese besonderen Eigenschaften sehen andere an mir:

Einzigartig

Das fällt mir leichter als anderen:

Hierbei kann ich wieder ganz Kind sein:

Herr, ich danke dir dafür, dass du mich so wunderbar und einzigartig gemacht hast! Großartig ist alles, was du geschaffen hast – das erkenne ich!

Psalm 139,14 (Hfa)

Einzigartig

Diese Eigenschaft an mir bringt mich (oder andere) zum Lachen:

Diese liebenswerten Macken sehen ich oder andere an mir:

Einzigartig

Das rührt mich zu Tränen:

Diese Dinge tue ich nur sehr ungern:

Einzigartig

Das kann ich nicht so gut wegstecken:

Und das mag ich überhaupt nicht:

Einzigartig

Das sind meine Schattenseiten:

Diese Schattenseiten sehen andere an mir:

Meine Werte

Anerkennung Anspruchslosigkeit Attraktivität Aufopferung

Aufrichtigkeit Ausdauer Ausgeglichenheit Bedingungslosigkeit

Beharrlichkeit Bekanntheit Beliebtheit Bescheidenheit

Beziehungsfähigkeit Bildung Bodenständigkeit Charakterfestigkeit

Demut Disziplin Durchhaltevermögen Echtheit Ehre Ehrgeiz

Ehrlichkeit Eigenständigkeit Einfachheit Einfühlungsvermögen

Einzigartigkeit Enthusiasmus Entscheidungsfreude Erfolg Erfüllung

Essen Extravaganz Familiensinn Fantasie Fleiß Flexibilität

Freude Freundschaft Frieden Furchtlosigkeit Fürsorglichkeit

Gastfreundschaft Geborgenheit Geduld Gehorsam Gelassenheit

Genuß Gerechtigkeit Gesundheit Glaube Glück Gottvertrauen

Großzügigkeit Gründlichkeit Harmonie Hilfsbereitschaft Hingabe

Hoffnung Höflichkeit Humor Individualität Integrität Kinderliebe

Klarheit Kontaktfreudigkeit Kraft Kreativität Kunst Lebendigkeit

Die sieben (wirklich nur sieben!) Werte, die mein Handeln bestimmen

Meine drei allerwichtigsten Werte

Leidenschaft Leistungsfähigkeit Liebe Loyalität Macht Mitgefühl

Musik Mut Nachsicht Nachhaltigkeit Nächstenliebe

Nähe Naturverbundenheit Objektivität Offenheit Optimismus

Ordnung Perfektion Pragmatismus Professionalität Respekt Ruhe

Sauberkeit Schönheit Selbstbeherrschung Selbstbestimmung

Selbstfindung Sensibilität Sicherheit Sorgfalt Sparsamkeit Spaß

Spontanität Sportlichkeit Solidarität Standfestigkeit Stille Stil

Tapferkeit Tiefgang Toleranz Treue Tüchtigkeit Unabhängigkeit

Unbestechlichkeit Unternehmungsgeist Unvoreingenommenheit

Urteilskraft Überzeugung Verantwortungsbewusstsein Verbindlichkeit

Vergebung Verlässlichkeit Vernunft Verschwiegenheit Verstehen

Vertrauen Vitalität Vorsicht Weiblichkeit Weisheit Wissen

Witz Wohlbefinden Würde Zeitlosigkeit Zielstrebigkeit

Zufriedenheit Zugehörigkeit Zuverlässigkeit Zuversicht

Meine Kindheit

Das fällt mir als Erstes ein, wenn ich an meine Kindheit denke:

Das waren die schönsten Momente meiner Kindheit:

Meine Kindheit

Das wollte ich als Kind gern werden:

Als Kind hatte ich folgende Lieblingsgeschichten oder -bücher:

Und das waren die Helden meiner Kindheit:

Meine Kindheit

Damit habe ich als Kind gern gespielt:

Das habe ich in meiner Kindheit wie einen Schatz gehütet – und aus diesem Grund hat er mir so viel bedeutet:

Meine Kindheit

Das hat mir als Kind besonders viel Freude gemacht:

Und das hat mir als Kind besonders zu schaffen gemacht:

Nur wer erwachsen wird
und ein Kind bleibt, ist ein Mensch.

Erich Kästner

Meine Gedanken

Alles wirkliche Leben ist Begegnung.

Martin Buber

Meine Beziehungen

Ich bin reich beschenkt. Das gilt auch für meine Beziehungen. Gott hat mich in ein Netz aus unterschiedlichsten Menschen hineingestellt: Familie, Freunde, Bekannte, Wegbegleiter und Kollegen. Beziehungen prägen mich, geben mir Halt – in guten und besonders auch in schwierigen Zeiten. Sie formen und schleifen mich, damit ich zu dem werden kann, was ich bin. Auf den folgenden Seiten ist Platz, um über all die Menschen, die mir wichtig sind, nachzudenken.

Meine Familie

Diese Menschen gehören zu meiner Familie:

Und diese Menschen gehören auch noch dazu –
auch wenn sie nicht mehr leben:

Meine Familie

Daran denke ich, wenn ich das Wort „Familie“ höre:

Das schätze und bewundere ich an meiner Mutter:

Das schätze und bewundere ich an meinem Vater:

Meine Familie

In dieser Hinsicht (Ansichten, Eigenschaften, Charakter usw.) bin ich so wie meine Mutter/mein Vater:

Das habe ich von anderen Familienmitgliedern „geerbt“:

Meine Familie

Dafür bin ich meinen Eltern dankbar:

Das habe ich in meiner Kindheit an meinen Eltern/ihrer Erziehung/ dem damaligen Lebensumfeld nicht besonders gemocht:

Meine Familie

Hierbei schätze ich den Rat meiner Eltern oder Geschwister:

Wie ist heute meine Beziehung zu meinen Eltern und Geschwistern?
Was wünsche ich mir? Was soll anders werden?

Meine Familie

Folgendes trifft auf mich zu:

- [ ] Einzelkind
- [ ] Zwilling/Mehrling
- [ ] Adoptivkind
- [ ] Erstgeborene
- [ ] Sandwichkind
- [ ] die Jüngste
- [ ] viele Geschwister
- [ ] ____________

So bewerte ich diese Tatsachen:

Meine Familie

Was ich mit meinen Geschwistern gemeinsam habe:

Darin unterscheiden wir uns:

Das verbindet uns:

Meine Familie

Mit diesen Worten würde ich meine Oma mütterlicherseits beschreiben:

Mit diesen Worten würde ich meinen Opa mütterlicherseits beschreiben:

Meine Familie

Das verbinde ich mit meinen Großeltern mütterlicherseits:

Diese Erlebnisse sind mir besonders lebendig, wenn ich an sie denke:

Meine Familie

Mit diesen Worten würde ich meine Oma väterlicherseits beschreiben:

Mit diesen Worten würde ich meinen Opa väterlicherseits beschreiben:

Meine Familie

Das verbinde ich mit meinen Großeltern väterlicherseits:

Diese Erlebnisse sind mir besonders lebendig, wenn ich an sie denke:

Meine Familie

Das macht unsere Familie einzigartig:

Meine Familie – Was mir sonst noch wichtig ist:

Meine Familie

So habe ich meinen Freund/Mann kennengelernt:

Hierin unterscheiden sich unsere Ursprungsfamilien:

Eine Familie ist in Ordnung, wenn man den Papagei unbesorgt verkaufen kann.

William Rogers

Meine Familie

Die schönsten Erlebnisse mit meiner Familie:

Meine Freunde

Meine engsten Freunde –
wo und wann ich sie kennengelernt habe.
Und was mich mit ihnen verbindet.

Meine Freunde

Zu meinem Freundeskreis gehören außerdem:

Keine Straße ist lang
mit einem Freund an der Seite.

Japanisches Sprichwort

Meine Freunde

Was ich an meinen Freunden toll finde –
was die Beziehungen für mich so wertvoll macht:

Damit haben mich meine Freunde schon überrascht:

Meine Freunde

Die schönsten gemeinsamen Erlebnisse
mit meinen Freunden:

Glück ist das einzige,
was sich verdoppelt,
wenn man es teilt.

Verfasser unbekannt

Meine Freunde

Daran habe ich in schwierigen Lebensphasen gemerkt, dass ich echte Freunde habe, nicht nur „Schönwetterbegleiter“:

Diese Freundschaft ist zerbrochen oder eingeschlafen, und zwar aus diesem Grund:

Meine Freunde

Diese ehrlichen Rückmeldungen habe ich schon von meinen Freunden bekommen – und so bin ich damit umgegangen:

Ein Konflikt/ein Streit – und wie wir das Problem gelöst haben:

Meine Freunde

Das sind die Vorlieben meiner Freunde.
Damit könnte ich ihnen eine Freude machen:

Meine Freunde

Mein bester Freund/meine beste Freundin aus meiner Kindheit. An Folgendes kann ich mich noch sehr gut erinnern:

Das hat mich mit ihr/mit ihm verbunden:

Meine Freunde

Das bedeutet mir Freundschaft:

Am längsten befreundet bin ich mit:

Das könnte ich in einer Freundschaft nur sehr schwer verzeihen:

Meine Freunde

Meine Freunde – Was mir sonst noch wichtig ist:

Der beste Weg, einen Freund zu haben,
ist der, selbst einer zu sein.

Ralph Waldo Emerson

Zitronentage

Diese netten Dinge haben andere zu mir gesagt –
hier ist Platz für Komplimente, Ermutigungen, Liebevolles
und kleine Aufmerksamkeiten:

Wenn dir das Leben Zitronen gibt,
mach Limonade daraus.

Virginia Woolf

Wertvolle Beziehungen

Dieser Mensch hat mich am reichsten beschenkt,
und zwar mit folgender Sache:

Diesen Menschen vermisse ich am meisten:

Wertvolle Beziehungen

Diese Menschen haben mich in meinem bisherigen Leben am stärksten geprägt, und zwar auf folgende Weise:

Das sind meine Vorbilder, und zwar aus folgendem Grund:

Wertvolle Beziehungen

Diese Menschen geben mir Energie:

Diese fünf Leute würde ich auf eine einsame Insel mitnehmen, und zwar aus diesem Grund:

Wertvolle Beziehungen

Diese Beziehungen waren mir früher wichtig:

Diese Beziehung möchte ich wieder aktivieren:

Meine Gedanken

Halte dich fest an Gott. Mache es wie der Vogel,
der nicht aufhört zu singen, auch wenn der Ast bricht.
Denn er weiß, dass er Flügel hat.

Johannes Bosco

Mein Glaube

Zu dem, was mein Leben ausmacht, gehört auch mein Glaube. Aber er ist nicht etwa ein Teilbereich unter vielen, sondern die Basis für alles; der Grund, auf dem ich sicher stehen kann – in guten wie in schwierigen Zeiten. Weil ich einzigartig bin, ist auch meine Beziehung zu Gott einzigartig.

Wo begegne ich Gott am liebsten? Welche Menschen haben meinen Glauben geprägt? Wodurch hat Gott mich schon beschenkt? In welchen Situationen fällt es mir schwer, ihm zu vertrauen? Dieses Kapitel gibt mir die Möglichkeit, meine Erfahrungen mit Gott, meine Zweifel, meine Wünsche festzuhalten und tiefer über meinen Glauben nachzudenken.

Gott begegnen

Jeder Mensch ist einzigartig und hat deshalb seinen eigenen, ganz persönlichen Zugang zu Gott.

Dabei habe ich Gott schon einmal erlebt:

- ☐ In der Natur
- ☐ gemeinsam mit anderen/in der Gemeinde/im Gottesdienst
- ☐ wenn ich in Bewegung bin
- ☐ beim Bibellesen
- ☐ in der Stille
- ☐ wenn ich anderen diene
- ☐ beim Meditieren/Nachdenken
- ☐ beim Lobpreis/in der Anbetung
- ☐ wenn ich kreativ bin
- ☐ ______________________
- ☐ ______________________

Hierbei begegne ich Gott am liebsten:

Das möchte ich ausprobieren, um Gott neu zu begegnen:

Gott begegnen

Meine erste Begegnung mit Gott –
und wodurch ich ganz sicher wusste, dass es ihn gibt:

Ich habe mich bewusst entschieden, meinen Weg mit Gott
zu gehen, als ...

Mein Credo

Ich glaube an Gott, weil ...

Jesus ist für mich:

Was ist denn der Glaube?
Er ist ein Rechnen mit der Erfüllung dessen,
worauf man hofft, ein Überzeugtsein
von der Wirklichkeit unsichtbarer Dinge.

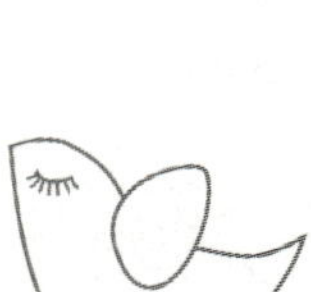

Hebräer 11,1 (NGÜ)

Gott begegnen

Diese Orte oder Rituale helfen mir, zur Ruhe zu kommen:

In dieser Zeit habe ich mich Gott besonders nahe gefühlt:

Gott begegnen

Gottes größte Überraschung für mich war ...

Auf diese Weise drücke ich meine Liebe zu Gott aus:

Das war mein wertvollstes Geschenk für Gott:

Gott begegnen

Auf diese Arten hat sich Gott bisher
in meinem Leben zu erkennen gegeben:

Gebet

Träume

Bibelverse

Sonstiges

Natur

Lieder

Umstände

Predigten

Bücher

andere Menschen

Gott begegnen

Das hat sich im Laufe der Zeit an meiner Beziehung zu ihm verändert:

Gott begegnen

Das fehlt mir momentan an meiner Beziehung zu Gott am meisten:

Glaube im Alltag

🌱 Diese Dinge haben mir geholfen, im Glauben zu wachsen.

☺ Das möchte ich weitermachen/einmal ausprobieren.

- Beten
- Bibellesen
- Gemeinschaft
- Alleinsein/Stille
- Tagebuch führen
- Fasten/ Enthaltsamkeit
- Predigten
- Gottesdienste
- Feiertag halten
- Zuhören
- Achtsamkeit
- Dankbarkeit
- Anbetung
- Dienen
- Schweigen
- Opfer bringen
- Feiern
- Beichte/Schuld bekennen
- Maß halten
- von Gott anvertraute Aufgaben
- Vorbilder
- Bestimmte Umstände:

Glaube im Alltag

Das hält meinen Glauben im Alltag lebendig:

Dadurch können Außenstehende erkennen, dass ich Christ bin:

Nicht Worte verlangt Gott von dir,
sondern dein Herz.

Augustinus

Sternstunden mit Gott

Meine schönsten Erlebnisse mit Gott waren:

Meine Vorbilder

Diese Menschen haben meinen Glaubensweg geprägt bzw. sind meine geistlichen Vorbilder:

Das habe ich durch sie gelernt:

Quellen der Inspiration

Diese Bücher, Filme, Musik oder andere Dinge haben mich in meinem Glauben beeinflusst:

Bibel-Schätze

Das ist meine Lieblingsfigur bzw. meine Lieblingsgeschichte in der Bibel, und zwar aus folgendem Grund:

Mein Lieblingsbuch der Bibel ist …

Bibel-Schätze

Diese Begebenheit bzw. dieses Wunder, von dem die Bibel berichtet, hätte ich gern selbst einmal erlebt:

Dieses Wunder habe ich tatsächlich selbst erlebt:

Gib mir Liebe zu deinem Wort.

Psalm 119,36 (Hfa)

Bibel-Schätze

Lieblingsbibelstellen und Bibelworte,
die mir wichtig geworden sind:

Dein Wort ist meines Fußes Leuchte
und ein Licht auf meinem Wege.

Psalm 119,105 (LU)

Das Beste kommt noch

So stelle ich mir den Himmel vor:

Diese Menschen möchte ich später im Himmel unbedingt treffen bzw. wiedersehen:

Das Beste kommt noch

Darauf freue ich mich im Himmel besonders:

Das will ich Gott gerne fragen, wenn ich einmal vor ihm stehe:

Gott hat die Ewigkeit in das Herz
der Menschen gelegt.

nach Prediger 3,11

Meine Gebete

Diese Gebete hat Gott erhört:

In dieser Situation hat Gott auf mein Gebet anders geantwortet, als ich es mir erhofft hatte:

Meine Gebete

Und so denke ich im Rückblick über seine Antwort auf dieses Gebet:

Für diese Anliegen bete ich schon lange – und möchte auch weiter dafür beten:

Glaube & Zweifel

In diesen Bereichen fällt es mir schwer, Gott zu vertrauen:

Mit diesem biblischen Text/mit diesem Bibelvers tue ich mich besonders schwer, und zwar aus diesem Grund:

Glaube & Zweifel

Ich habe Gott nicht verstanden, als ...

Deshalb glaube ich – trotz aller Zweifel:

Meine Gaben

Hirtendienst

Dienen

Erkenntnis

Weisheit

Geben

Evangelisation

Glaube

Ideen entwickeln

Prophetie

Musik

Unterscheidung der Geister

Organisation

Gastfreundschaft

Helfen

Ehelosigkeit

Handwerk

Das macht mir besonders viel Freude.

Bei diesen Gaben bekomme ich mehr Kraft als ich aufwende.

Leitung

Seelsorge

Lehren

Barmherzigkeit

Auslegung

Heilung

Apostel

Mission

Freiwillige Armut

Sprachengebet

Leidensbereitschaft

Befreiung

Kreativität

Gebet

Wundertaten

Sonstige Gaben

Von Gott bewegt

Diese Fähigkeiten hat Gott in der Vergangenheit am stärksten gebraucht – und zwar in folgenden Situationen:

Dient einander, ein jeder mit der Gabe, die er von Gott empfangen hat.

1. Petrus 4,10 (LU)

Von Gott bewegt

Für diese Menschen (z. B. Zugezogene, Kinder, Arbeitslose) schlägt mein Herz am stärksten:

Wie kann ich diesen Menschen mit meinen Gaben konkret dienen?

Von Gott bewegt

Ich wünsche mir und bete, dass diese Menschen Gottes Nähe erleben:

Diese Sache in meinem Leben würde Gott große Freude bereiten:

Von Gott bewegt

Das hat Gott mir aufs Herz gelegt:

Meine Gedanken

Nicht das, was wir erleben,
sondern wie wir empfinden,
was wir erleben,
macht unser Schicksal aus.

Marie von Ebner-Eschenbach

Meine Erfahrungen

Erlebnisse und Erfahrungen gehören untrennbar zu meinem Leben. Es gibt sie – die schönen Zeiten, unvergesslichen Augenblicke und Momente, die ich gern noch einmal erleben würde. Aber auch Krisen, Zeiten der Enttäuschung oder des Scheiterns, Hochs und Tiefs markieren die Fülle meines Lebens. Es ist gut sich zu erinnern. Um Schönes nicht zu vergessen – und auch dankbar zu werden für die schwierigen Zeiten. Das kann oft nur im Rückblick geschehen, wenn ich die Blickrichtung ändere und mich frage, wie mich die Tiefpunkte des Lebens weitergebracht haben oder wie Gott mir in diesen Zeiten beigestanden hat. Auf den Folgeseiten ist Platz, über meine prägenden Erfahrungen nachzudenken, eine Lebenslandkarte auszufüllen und mit einem liebevollen Blick „Erfahrungsschätze“ zu heben.

Urlaubstage

Meine unvergesslichen Urlaubsmomente ...

Unvergessliche Momente

Die lustigste Situation, die ich erlebt habe:

Das größte Abenteuer, das ich erlebt habe:

Unvergessliche Momente

Das größte Kompliment, das mir je einer gemacht hat:

Die peinlichste Situation für mich war:

Eine Minute, die man lacht,
verlängert das Leben um eine Stunde.

Aus China

Unvergessliche Momente

Das hat mich in meinem Leben bisher am meisten überrascht:

Dieses Risiko habe ich gewagt – und so ist es ausgegangen:

Unvergessliche Momente

Mein größter Erfolg war:

Mein schönstes Geschenk bisher war:

Sternstunden

Die Highlights in meinem Leben:

Du überschüttest mich mit Segen.

Psalm 23,5 (NL)

Tiefpunkte

In diese Fallen tappe ich immer wieder:

In diesen Bereichen meines Lebens (körperlich, geistig, emotional, geistlich) sehne ich mich nach Heilung:

Tiefpunkte

Hier bin ich gescheitert:

Diese Erfahrungen waren Krisenzeiten meines Lebens:

Krise ist ein produktiver Zustand.
Man muss ihr nur den Beigeschmack
der Katastrophe nehmen.

Max Frisch

Tiefpunkte meines Lebens

Bei diesen Gelegenheiten habe ich diese Gefühle erlebt:

Wut

Trauer

Angst

Einsamkeit

Ärger

Kraftlosigkeit

Unsicherheit

Schmerzen

Neid

Ratlosigkeit

Tiefpunkte

Der größte Fehler meines Lebens war ...

... und was ich daraus gelernt habe:

Tiefpunkte

Das würde ich am liebsten aus meiner Erinnerung streichen:

Was ist meine größte Angst?

Jesus spricht: In der Welt habt ihr Angst,
aber seid getrost, ich habe die Welt überwunden.

Johannes 16,33 (LU)

Auf Nimmerwiedersehen!

Das lasse ich los:

Alle eure Sorge werft auf ihn, denn er sorgt für euch. 1. Petrus 5,7 (LU)

Sonnenseiten des Lebens

Bei diesen Gelegenheiten habe ich folgendes bekommen:

nette Post

einen Lachanfall

Reichtum

ein Lächeln

ein Lob

kleine Aufmerksamkeit

Liebe

Mitgefühl

Vergebung + Versöhnung

Die guten Seiten …

Das Schwierigste, was ich je gemeistert habe:

So habe ich in schwierigen Zeiten Gott erfahren:

… an schlechten Zeiten

Das tröstet mich, wenn etwas schiefgeht:

Gott spricht: Ich will euch trösten,
wie einen seine Mutter tröstet.

Jesaja 66,13 (LU)

Schätze heben

Für diese Erfahrungen bin ich dankbar – aus folgendem Grund:

Dankbare Menschen sind wie
fruchtbare Felder, sie geben
das Empfangene zehnfach zurück.

August von Kotzebue

Schätze heben

Das habe ich aus diesen Erfahrungen gelernt:

Das Wichtigste, das ich je gelernt habe:

Schätze heben

In dieser Sache bin ich stärker geworden:

Diese Dinge haben sich in meinem Leben zum Guten gewendet:

Schätze heben

So hat Gott mir geholfen, aus den Bruchstücken meines Lebens ein Mosaik zu machen:

Liebe deine Geschichte, denn sie ist der Weg, den Gott mit dir gegangen ist.

Leo Tolstoi

Eine andere Sichtweise

So bin ich bisher mit Negativem in meinem Leben umgegangen:

Auf diese Weise will ich in Zukunft damit umgehen:

Eine andere Sichtweise

Das hilft mir, meinen Blick auf das Positive im Leben zu richten:

Auf diese Weise könnten meine Erfahrungen anderen helfen:

Meine Lebenslandkarte

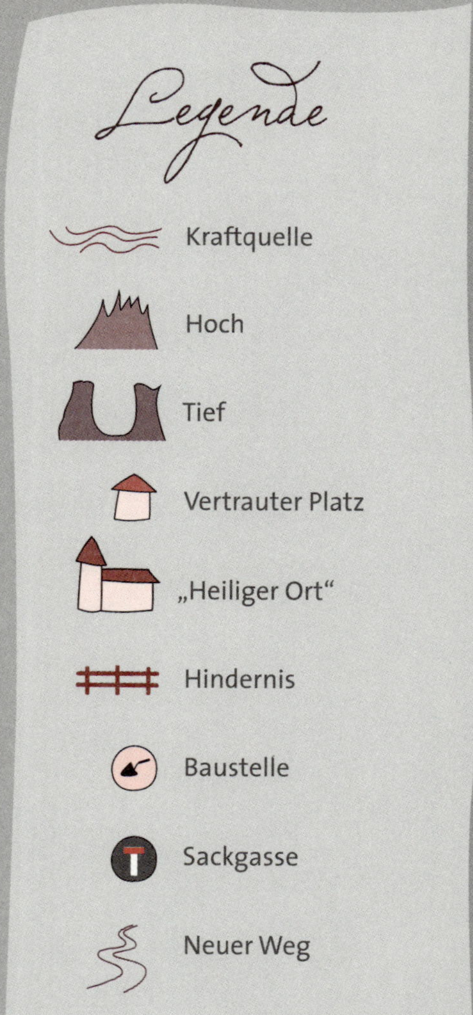
Legende
Kraftquelle
Hoch
Tief
Vertrauter Platz
„Heiliger Ort“
Hindernis
Baustelle
Sackgasse
Neuer Weg

Meine Gedanken

Träume nicht dein Leben, lebe deinen Traum.

Verfasser unbekannt

Meine Träume

Wie oft habe ich schon gedacht oder gesagt: „Eigentlich wäre es schön, mal wieder …“? Und wie viele ungelebte Träume und Sehnsüchte schlummern in mir? Sie sind es wert, aufgeschrieben zu werden! Denn das ist der erste Schritt, um sie zu verwirklichen, um meinen Zielen näherzukommen. Bei einer Tasse Kaffee oder Tee kann ich mithilfe der „Wunschseiten“ in diesem Kapitel darüber nachdenken, was mein Herz bewegt. Vielleicht gelingt es mir, meiner Berufung ein Stück weit auf die Spur zu kommen und mithilfe der „Geburtstagsrede“ auf Seite 167 eine Vision für mein Leben zu finden. Die Fragen ab Seite 176 werden mir helfen, Ziele ganz konkret umzusetzen.

Das Gute behalten

Das soll in meinem Leben so bleiben, wie es ist – weil es gut so ist:

Wiederentdecken

Eigentlich wäre es schön, mal wieder …

Nichts geschieht,
ohne dass ein Traum vorausgeht.

Carl Sandburg

Der perfekte Tag

So sieht für mich ein perfekter Tag aus:

Meine Wunschseiten

Wenn ich einen Tag lang keine Verpflichtungen hätte, würde ich ...

Wenn ich eine Woche lang keine Verpflichtungen hätte, würde ich ...

Wenn ich einen Monat lang keine Verpflichtungen hätte, würde ich ...

Meine Wunschseiten

Wenn ich eine Million geschenkt bekäme, würde ich damit ...

Diese Zeit/dieses Ereignis möchte ich gern noch einmal erleben:

Meine Wunschseiten

Wenn ich drei Wünsche freihätte, würde ich ...

Wenn mich keine äußeren Hindernisse abhalten könnten, würde ich ...

Meine Wunschseiten

Dafür hätte ich im Alltag gern mehr Zeit:

Das fehlt mir noch zum Glücklichsein:

Meine Wunschseiten

Das will ich unbedingt noch erleben:

Meine Wunschseiten

Diese Sache an mir/an meinem Leben (Beziehungen, Beruf, Familie, Gemeinde ...) würde ich sofort ändern, wenn es problemlos ginge:

Meine Wunschseiten

Das sind meine größten Sehnsüchte:

Und das ist mein größter Traum:

Leben im Überfluss

Das bedeutet für mich erfülltes Leben:

Habe deine Lust am Herrn,
er wird dir geben, was dein Herz wünscht.

Psalm 37,4 (LU)

Leben im Überfluss

Das würde ich tun, wenn ich nur noch ein Jahr zu leben hätte:

Diese Spuren will ich in der Nachwelt hinterlassen:

Meine Vision

Ich stelle mir vor, dass zu meinem 80. Geburtstag meine Familie, meine Freunde, Kollegen und Bekannte kommen. In ihrer Geburtstagsrede erzählen die Gäste, wofür ich bekannt bin, was ich im Leben erreicht habe, worin ich anderen ein Vorbild bin, wem ich wie gedient habe.

Das sollen sie über mich sagen:

Wer kein Ziel hat, darf sich nicht wundern,
wenn er niemals ankommt.

Mark Twain

Weniger davon ...

Von diesen Verpflichtungen, Dingen, Beziehungen etc.
möchte ich mich gern trennen. Und so will ich es umsetzen:

… und mehr davon

Diese Beziehungen, Gaben, Fähigkeiten, dieses Engagement, diese Zeiten möchte ich gern vertiefen. Und so will ich es umsetzen:

Freie Bahn für Träume

Das hindert mich, meinen Träumen auf der Spur zu bleiben:

Das sind meine größten „Zeitdiebe“:

Es gibt Diebe, die nicht bestraft werden
und einem doch das Kostbarste stehlen: die Zeit.

Napoleon

Freie Bahn für Träume

Das könnte ich konkret tun, um mehr Zeit für Wichtiges zu haben:

Meine nächsten Schritte:

Dann fange ich damit an:

Grenzen annehmen

Diese positiven Seiten kann ich an meinen Begrenzungen entdecken:

Folgende Grenzen will ich in mein Leben integrieren, anstatt länger gegen sie anzukämpfen:

Grenzen überwinden

In diesem Lebensbereich will ich Grenzen überwinden:

Mit meinem Gott überspringe ich Mauern.

Psalm 18,30 (EÜ)

Nach vorne schauen

Ich gebe meine sorgenvollen und negativen Gedanken bei Gott ab. Und halte fest, was Gott dazu sagt:

Der Mensch bringt täglich
sein Haar in Ordnung,
warum nicht auch seine Gedanken?

Indische Weisheit

In vier Monaten …

Diese Dinge möchte ich verändern oder in naher Zukunft erreichen. Hier ist Platz, um konkrete Ziele festzuhalten und die ersten Schritte auf dem Weg dorthin zu fixieren.

Ziel Nr. 1

Ziel-Check

Termin

Ziel Nr. 2

Ziel-Check

Termin

Ziel-Check

Wer sich ernsthaft Ziele setzt, kann sie auch erreichen.
Ist mein Ziel konkret, realistisch, überprüfbar und motivierend?

Termin

Wann will ich mein Ziel erreicht haben?

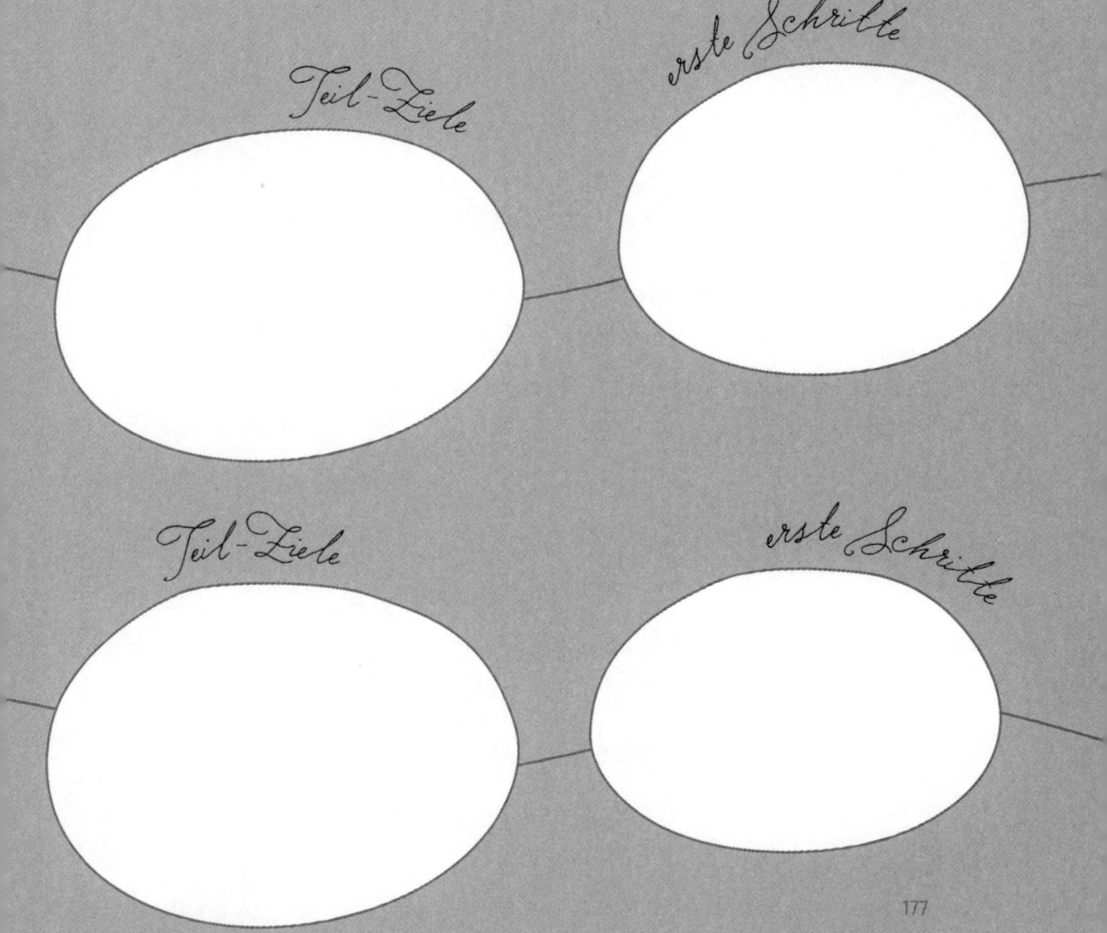

In einem Jahr …

Diese Ziele möchte ich mittelfristig erreichen.
Hier ist Platz, um konkrete Ziele festzuhalten und die ersten Schritte auf dem Weg dorthin zu fixieren.

Ziel Nr. 1

Ziel-Check

Termin

Ziel Nr. 2

Ziel-Check

Termin

Ziel-Check

Wer sich ernsthaft Ziele setzt, kann sie auch erreichen.
Ist mein Ziel konkret, realistisch, überprüfbar und motivierend?

Termin

Wann will ich mein Ziel erreicht haben?

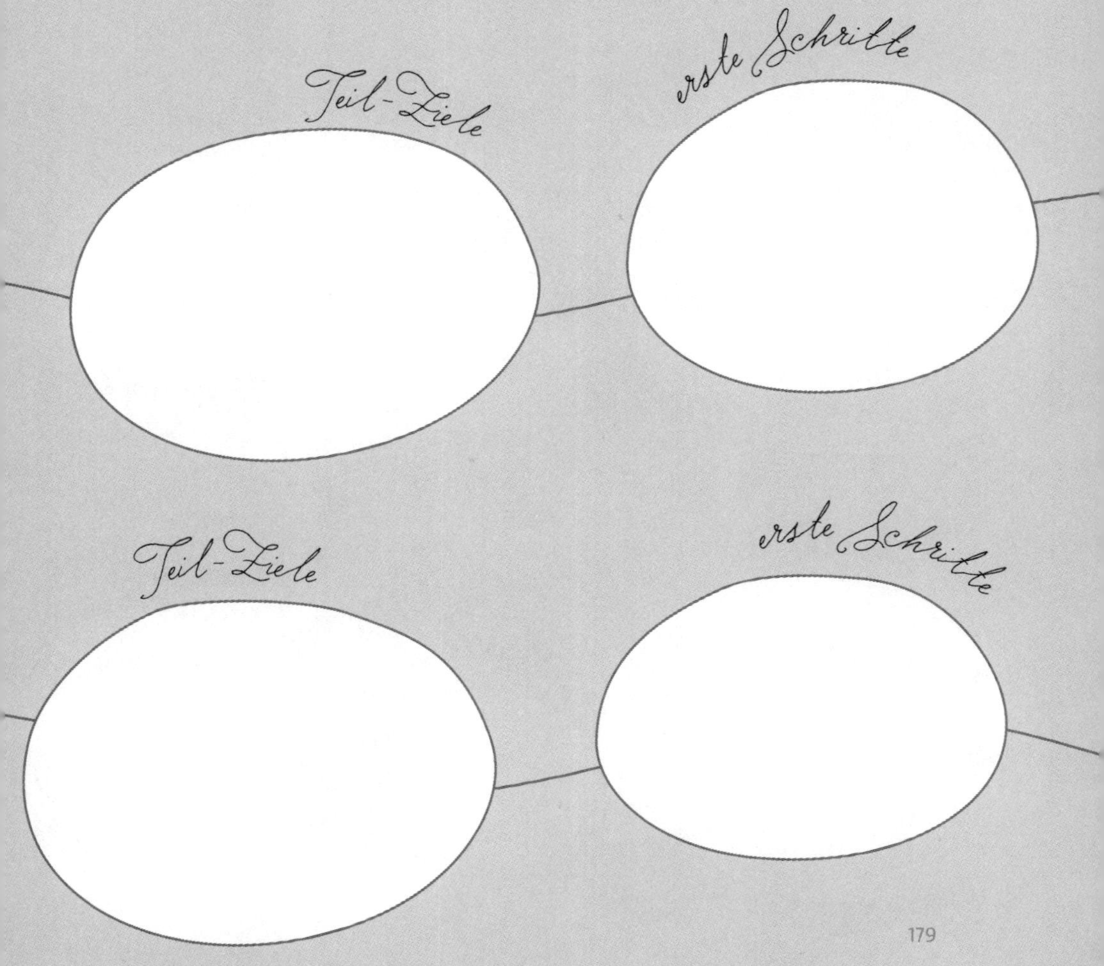

In sieben Jahren …

Diese Ziele möchte ich langfristig erreichen.
Hier ist Platz, um konkrete Ziele festzuhalten und die ersten Schritte auf dem Weg dorthin zu fixieren.

Ziel Nr. 1

Ziel-Check

Termin

Ziel Nr. 2

Ziel-Check

Termin

Ziel-Check

Wer sich ernsthaft Ziele setzt, kann sie auch erreichen.
Ist mein Ziel konkret, realistisch, überprüfbar und motivierend?

Termin

Wann will ich mein Ziel erreicht haben?

Ich bin nicht allein

Oft sind auch andere Menschen wichtig, wenn es darum geht, sich persönlich weiterzuentwickeln. Auch ich brauche diese Menschen. Folgende Personen könnten diese Rollen in meinem Leben ausfüllen:

Ermutiger

Unterstützer

Mentor / Coach

Kritiker

Mitstreiter

Seelsorger

Vorbild

Zweierschaft

Plane so groß,
dass du Gott brauchst,
um deinen Plan auszuführen.

Bill Bright

Beter

Fachmann

Kontaktperson

Meine Gedanken

Freiraum

Freiraum

Jahresrückblick

Diese Seite kann ich mir immer wieder vornehmen, wenn das Jahr zur Neige geht. Dann kann ich auf mein Leben im vergangenen Jahr zurückschauen, auf Höhen und Tiefen, auf Menschen, denen ich begegnet bin, auf Erfahrungen – und auch darauf, ob ich meinen Zielen und Träumen ein Stück nähergekommen bin.

Was war mein glücklichster Moment?

Was war mein traurigster Tag?

Was war mein größter Erfolg?

Wo bin ich gescheitert?

In welchem Bereich bin ich stärker geworden?

Was hat sich zum Guten gewendet?

Wer oder was hat mich am meisten überrascht?

Wofür bin ich dankbar?

Wen habe ich enttäuscht – und wer hat mich enttäuscht?

Welcher Abschied fiel mir schwer?

Welche neue Beziehung habe ich aufgebaut?

Was habe ich verloren – oder gefunden?

Welchen Ballast habe ich abgeworfen?

Welchen Wunsch habe ich mir erfüllt?

Welchem Ziel bin ich treu geblieben?

Welchen Traum habe ich in die Tat umgesetzt/
welche Schritte auf dem Weg dahin bin ich gegangen?

Welche neue Erfahrung habe ich mit Gott gemacht?

Was will ich im nächsten Jahr anders machen?

Das Jahresende ist kein Ende und kein Anfang,
sondern ein Weiterleben mit der Weisheit,
die uns die Erfahrung gelehrt hat.

Hal Borland

Für meinen Weg

Berufung leben

Birgit Schilling: Berufung finden und leben. Lebensplanung für Frauen. SCM R. Brockhaus
Petra Bock: Die Kunst, seine Berufung zu finden. Fischer Taschenbuchverlag
John Ortberg: Ich – einzigartich: Wie ich so werde, wie Gott wollte, dass ich bin. Gerth Medien

Gaben, Spiritualität, Umgang mit der Zeit

Gordon McDonald: Ordne dein Leben. Gerth Medien
Christian A. Schwarz: Die 3 Farben deiner Gaben, C&P Verlagsgesellschaft
Christian A. Schwarz: Die 3 Farben deiner Spiritualität: 9 geistliche Stile. Gerth Medien
Kostenloser Gabenfragebogen unter: www.ccoasis.de/resouce/sermons10/Gabenfragebogen.pdf

Lebensmitte

Gundula Gause/Rainer Wälde: Landkarten des Lebens. Wie wir werden, was wir sind. adeo
Antje Rösner/Hansjörg Federmann: Die Midlife Brise: Frische Gedanken für die Lebensmitte. adeo

Mentor finden

Christliches Mentoringnetz: www.c-mentoring.net

The mark of responsible forestry
FSC www.fsc.org FSC® C017859

Verlagsgruppe Random House FSC-DEU-0100
Das FSC-zertifizierte Papier EOS für dieses Buch liefert Salzer, St. Pölten.

1. Auflage 2013
Bestell-Nr. 816757
ISBN 978-3-86591-757-7

Umschlaggestaltung + Illustrationen: Hanni Plato unter Verwendung von Shutterstock
Innengestaltung und Satz: Hanni Plato
Konzept und Lektorat: Verena Keil
Druck und Verarbeitung: CPI Moravia